*Chamán ante el fuego*

**Poesía**

# *Puerto sin mar*

Esther Abellán

ALBACETE 2025

Título: *Puerto sin mar*
1ª edición, octubre de 2025

Dirección: Anaís Toboso & Pedro Gascón
www.chamanediciones.es


© de la obra Esther Abellán
© de la imagen de cubierta María José López Cerro
© de la edición Chamán Ediciones

Diseño: Chamán Ediciones
www.chamanediciones.es

Maquetación: Fernando Ordóñez
www.estudiocreatia.com

Impresión: Estilo Estugraf Impresores S.L.
www.estugraf.com


ISBN: 979-13-990098-7-3
D.L.:  AB 670-2025
THEMA: DCF


Impreso en España

# Índice

Pórtico ...... 13

**Puerto sin mar**

I. entre caricias y cuchillos ...... 23
    *Era abril* ...... 27
    *Los sueños doblados bajo una cúpula de silencio* ...... 28
    *El mar crujió bajo los pies* ...... 29
    *Como barcos en arrecifes de luna* ...... 30
    *Era un simulacro* ...... 31
    *Recogíamos los objetos a la deriva* ...... 32
    *Las mareas eran alucinación y delirio* ...... 33
    *El reloj se detuvo y todo fue viejo* ...... 34

II. del declive de las medusas muertas ...... 35
    *Nadaba en un océano ficticio* ...... 39
    *Entendí la distancia demasiado tarde* ...... 40
    *Rodeada de piedras* ...... 41
    *Quería comprender la memoria de las rosas* ...... 42
    *Sobrecogida, sentía el colchón en llamas* ...... 43
    *Cada día era un sueño un espejismo* ...... 44
    *El horizonte me hablaba de las guerras* ...... 45
    *La oscuridad me apretó el vientre* ...... 46
    *Recuerdo cuando desapareció el mar* ...... 47
    *Sobre la naturaleza de los náufragos* ...... 48
    *Miré fijamente el paisaje* ...... 49

III. frente a un puerto sin mar ...... 51
    *La partida fue muda silenciosa* ...... 55
    *La inocencia se convirtió en tristeza* ...... 56
    *La soledad como tierra habitable* ...... 57
    *El dolor protegido bajo los telares del universo* ...... 58
    *La realidad cosida a redes viejas* ...... 59
    *El abismo siempre estuvo bajo mis pies* ...... 60

*El cuerpo en barbecho renombró lo inagotable* ........... 61
*El nuevo lenguaje colonizó mis sábanas* ............. 62
*Un libro por escribir* .................................. 63

IV. en el umbral eterno de la vida ............................ 65
*Los labios como un rumor de arena* .................. 69
*En la oscuridad de otros tiempos* ...................... 70
*Buscábamos nuestra voz en las estrellas* ............. 71
*Construimos este lugar* ................................. 72
*Llueve la vida* ........................................... 73
*Un margen acuático una tierra caliente* ............ 74
*Nuestros espíritus transportan descendencia* ....... 75
*En el gran muelle desierto y frío* ....................... 76
*Mujer salvaje* ............................................ 77
*En la distancia la voz se fracciona* ..................... 78
*Hemos vuelto a encontrarnos* ........................... 79
*He metido mis manos bajo la tierra* ................. 80

## Pórtico

H ACE muchos años que la imagen de un puerto sin mar me persigue. La desolación y el desastre que implica que un mar se seque, que la vida que hay en él desaparezca y que todo lo que es belleza se vuelva tóxico y peligroso. El miedo a que lo vivo se extinga y describa un vacío aterrador en el entorno.

El paralelismo con el ser humano, con nuestro interior en los peores momentos, es inevitable. El amor que desaparece, la tristeza, el dolor, el desarraigo, la pérdida, el duelo... Todos, sentimientos que forman el tapiz de la existencia como restos de un naufragio, como tierra estéril, como sal en los labios, peces muertos que flotan sobre la nada; embarcaciones varadas que se han quedado perdidas sobre la tierra sin un lugar donde amarrarse. La salud mental, el maltrato, los desahucios, la migración, el exilio aparecen en mi imaginario mezclados con la esperanza y el reencuentro, con la posibilidad de recuperación y la serenidad de encontrar un lugar donde sentirse segura cuando todo parece perdido.

*Puerto sin mar*. Un título que define a la perfección lo que quiero transmitir. Un sentimiento, o intuición, que se transformó en real al descubrir el desastre del Mar de Aral, en Asia Central. La historia trágica de cómo unas aguas cristalinas, hogar de pescadores, acabaron como un desierto salino e infructuoso. Un lecho marino expuesto, convertido en *Aralcum*, tierra tóxica que provocó migración y pobreza, problemas de salud y tormentas. A pesar de eso, el poder de la esperanza hace posible recuperar parte de ese mar interior; las fuerzas contrapuestas que resultan de tocar fondo. Las paradojas de la vida.

Este poema reflexiona sobre todo esto y sobre ese hilo invisible que nos une a las mujeres, esa complicidad que surge de manera espontánea desde la poética del silencio y sus consecuencias. Quería que la intimidad de mis versos fuera más allá de lo propiamente escrito y surgiera de un espacio en blanco que muchas guardamos en los aledaños del lenguaje. Así, le pedí a mi amiga **Ada Soriano**, una poeta a la que admiro y quiero, que su barco recalara junto al mío en esta tierra de nadie que es la poesía, para que su palabra, *Suerte de voces,* fuera una pasarela en este *Puerto sin mar* y sus versos dejaran ver lo que hay al otro lado.

**Esther Abellán**

## Suerte de voces

*Para mi querida poeta Esther Abellán*

*El junquillo domina al cerebro debilitado;*
*el aromático dolor nos desvanece.*

Anne Finch

Marioneta,
    tejido blando,
payasa llorona.
Manejo tus emociones
con hilos, hilos…
Mis guantes son de seda,
y mi voz…
¿Sientes el peso de mi voz
alta y bronca?

Marioneta,
    cerebro ligero,
payasa ridícula.
Yo, sabiduría suprema,
máxima autoridad
de una genética sublime.
Alabado sea yo,
dichoso sea yo
por tan preciados dones.

Marioneta,
    muñeca ignorante,
payasa sin rango.
Ni una falta te consentiré
por más que yo te falte.
Expansiva y enérgica mi voz,
tu voz no llega.
Dados mis vastos dominios,
¿quién te va a creer?

*Mírame estar en igualdad de condiciones*
*mientras extiendo mis brazos amorosos por toda*
*la tierra.*

Helen Reddy

**Ada Soriano**

# Puerto sin mar

*A mis hijos, porque siempre confiamos en que el mar volvería,
como si nunca se hubiese ido.*
*A Mariano, manantial que vence fronteras y deporta el dolor.*

*Por años, disfrutar del error*
*y de su enmienda,*
*haber podido hablar, caminar libre,*
*no existir mutilada.*

Ida Vitale

# I

**entre caricias y cuchillos**

*Gritamos ¡adelante! Por no mirar atrás.*
*El camino se queda señalado*
*—estatua tras estatua— por la mujer de Lot.*

Rosario Castellanos

ERA abril
　　　　y dejaron de germinar
todas las flores de la tierra.
Las manos ardían en el silencio
dejaban ver el pasado
la niñez calcinada entre la multitud
tiempo detenido
crepúsculo de arena olvidada
en los huesos en la carne.
La finitud sentenció las caricias
cada pétalo cada esqueje
cada cruz herida en el calendario.
La certidumbre era dogma
torrente indescriptible
verdad frente a los ojos primavera
conversión y sustancia mortecina.
Masa de agua extinguible.

LOS sueños doblados bajo una cúpula de silencio
de deseo
y mecedoras incendiadas por el sol de la tarde.
Secretos hirientes
las bocas quietas
un recreo pacifista de lenguas de fuego
en un mercado esquivo sobre la crudeza de los pasados.
Emuladores de ilusión
fachada en la tez del futuro nos amamos.
       En la espalda azufre y terremoto
       pórtico azul disfrazado de muerte.

EL mar crujió bajo los pies
como una madera seca
que rompe los silencios
como gritos acunados
en el balcón del alma.
Los símbolos rozaron
el lenguaje del agua
y se quedaron dormidos
para serenar los cuerpos.
Fue un encuentro frío
como una ola invernal
que llega a la orilla
y desaparece en soledad
que renace en el vacío
sin darnos cuenta;
una clepsidra que agota
la inmensidad
para dar fe del infinito.

COMO barcos en arrecifes de luna
sentíamos el desastre.
El aire ardía y la noche
hielo voluntario
mecía la llama incontrolable del adiós.
Entre caricias y cuchillos
acumulábamos memoria
dramas y desastres de ceniza.
Queríamos salvar la mentira
para que el dolor no fuera dolor
para dejar de sangrar en un universo
habitado por inocentes y estrellas.

ERA un simulacro
una felicidad de llantos escondidos.
Las risas tropezaban con los besos
cuerpos gélidos que ardían
entre algas de color marrón.
Soledad y desesperación yacían
en camas y trasteros
entre mesas y platos rotos.
Era una mentira que nos creímos
para mantenernos en una casa
que tenía nombre ficticio.

RECOGÍAMOS los objetos a la deriva
y los guardábamos en cajas de musgo
para no sentir la fuerza del fracaso.
Tesoro pantomima serena acompañada
de cuentos y atardeceres.
Después las pesadillas fueron creíbles
la realidad un viento aparente
el detritus ambiental veneno
tormenta de polvo salino.
Creímos en la muerte
y confiamos en que eso era la vida.

LAS mareas eran alucinación y delirio
espejismo secreto en el desierto
colección de desencanto y huecos tristes.
Las velas de los barcos caían como sueños
columpio de infancia de patria desaparecida.
Alucinación y delirio
como una fuente prometida que brota
ante los ojos y no se puede beber.
No era posible que el día se acabara tan pronto
que las noches lloraran sangre
mientras los pájaros volaban cerca de la costa.

EL reloj se detuvo y todo fue viejo
idealismo extremo entre arrugas de sal
necrópolis de aves migratórias
de peces escuálidos
que nadan en la inmovilidad de las rocas.
Una historia sostenida a golpes
entre tormentas y acantilados de voz antigua.

## II

**del declive de las medusas muertas**

*Pensó que no era malo sangrar, que el*
*cuerpo sangrara como un alivio aunque*
*nada ocurriera, nada por el momento.*

Olvido García Valdés

NADABA en un océano ficticio
bajo pájaros y palabras sin alas
frente a las pupilas desiertas
y los monosílabos apagados.
Con los labios traspasados de sal
quería buscar un asidero útil
un lugar que aclarara la mirada
hacia un espacio sin finales.
Pero los ojos en llamas se abrieron
y la verdad fue un círculo vicioso.
No hubo escapatoria.

ENTENDÍ la distancia demasiado tarde
cuando las copas despedían gotas de lluvia
y mil realidades brotaban de otros ojos
cuando el corazón ya estaba lleno de grietas
y las manos traspasaban los orificios de la noche
cuando la voz de los martillos salía de otras bocas
y el cuerpo solo quería escapar de la carne.
Me costó entender que estaba en un páramo de relojes
cuyas agujas marcaban siempre la última hora.

Rodeada de piedras
dormía bajo una manta verde acurrucada
entre cientos de pájaros y estériles luciérnagas.
Nadie vio nada.
Nadie escuchó el llanto de los niños
ni el laberinto que habitaba en todas las camas
ni los lirios explotando en la obsesión del jardín.
La guerra fue silenciosa.
Nadie se dio cuenta.
Los amaneceres seguían llevando mi nombre
mientras las noches giraban más allá de los besos.

QUERÍA comprender la memoria de las rosas
la fragilidad anclada en sus espinas y el aroma
con el que despertar de los destierros
atarme los zapatos con los tallos de las flores
que aún se mantenían vivas a pesar del frío.
Buscaba entender la oscuridad de las gargantas
con el cuerpo desnudo entre pétalos rojos.
Pero las rosas solo entendían de sangre.
De sangre y de pasado.

SOBRECOGIDA, sentía el colchón en llamas
mi pelo ardiendo y los muslos enredados
entre una caterva de duendes.
      No había esperanza en mis muñecas
ni en las manos atadas de insomnio
ni en la luz que salía por mi boca cuando dormía.
Volaba a ras del techo para comer mariposas
mientras el cuerpo no quería moverse en la oscuridad.
Necesitaba despertar
sin embargo la noche tenía esqueleto
huesos que me invitaban siempre a jugar
entre demonios.

CADA día era un sueño un espejismo
un rayo violeta encendido de futuro
que quería dejar atrás tanta orfandad.
El sufrimiento tenía nombre conocido
y mil caras sobrevolaban mis hombros
escupiéndome puñados de tierra seca
sobre la escultura de una nueva silueta.
Intentaba agarrarme a todo lo invisible
y brillar sobre una cortina
        de proyectos incumplidos.

EL horizonte me hablaba de las guerras
de la extinción lumínica
del declive de las medusas muertas
del desamor en la herida
de los rastrojos cortados en un hueco de abril.
Me contaba las cicatrices
el dolor abrupto de melena larga
las flores enquistadas en el corazón.
Sabía de mi nocturnidad
de mi suicidio y de mi llanto
lectura interrumpida en los descensos.
Me descubrió ante el alumbramiento estéril,
ante la mentira gris
que separaba el limbo
de un minúsculo brote de hierba.

LA oscuridad me apretó el vientre
y los verbos desahuciaron el mundo.
La pobreza se enquistó en el estómago
para dejar desnudas todas las causas
para bombardear las orillas felices
y los recuerdos atados a la espalda.
Las caricias se tornaron oleaje estático
de mirada huidiza
de fuego cruzado y ausencias.
Era el reino del silencio
la inmensidad del mar agarrada
al suelo de una habitación sin vistas.

RECUERDO cuando desapareció el mar
cuando la tierra pedía ser salvada
y los barcos reclamaban un lecho donde dormir.
Mecidos por lunas eternas y cantos de sirena
la humanidad gritaba y el firmamento se escondía
para no ser testigo de la barbarie.
Las mujeres protegían a sus hijos
envueltos en líquenes gelatina de dolor.
Lo vi. Vi el mundo destinado a la muerte
y el alba recubierta de corazas marinas.
Un desastre que tenía personalidad propia
surcos de tierra envueltos en sal.

SOBRE la naturaleza de los náufragos
mi piel se cubría de escamas
de heridas bajo la espuma
y el légamo de las miserias.
Mi cuerpo zozobraba
entre la frialdad del olvido
con el terror cosido al pelo
guirnaldas de oscuridad profunda
que no consigue tocar fondo.
Mientras
las sirenas jugaban con mis pies
su canto me aferraba a la muerte
a los versos de piedra que ofrecían
sus grilletes de cemento y felicidad.
Era una estatua inmóvil
con los ojos demasiado abiertos
y el corazón hecho pedazos.

MIRÉ fijamente el paisaje
hasta sentir la inmensidad rota en mi garganta.
Observé que la línea del mar se dibujaba en el asfalto
envuelta y astillada en los pulmones.
Mi corazón se aferró a la esperanza del viaje de Ulises
y los esturiones me inundaron los ojos
y las lágrimas volaron sobre las olas
para escribir frente a un puerto sin mar
plagado de deseos y ficciones.

# III
## frente a un puerto sin mar

*Mi primer viaje*
*fue el del exilio*
*quince días de mar*
*sin parar*
*la mar constante*
*la mar antigua*
*la mar continua.*

Cristina Peri Rossi

LA partida fue muda silenciosa
un cardenal curado con la libertad
que unge las heridas del destierro
un exilio voluntario lleno de belleza
atado a la esperanza ciega del adiós
de los mimos del cariño bajo llave.

Una despedida que sirvió de encuentro
ante la eternidad florida de la existencia.

LA inocencia se convirtió en tristeza
en bocas que esperan el amanecer
cuando ya ha anochecido.
Separación a corazón abierto
cercada por muros sin cielo
epicentro de la melancolía.
Alegría convertida en distancia
en silencio nocturno
mar de lágrimas.
Ingenuidad varada en un puerto
desierto y solitario.

LA soledad como tierra habitable
un manto de dolor incoloro
salitre plancton adherido a la boca
alimento flotante que nutre
a los vivos con perfil de muerto.
Sentimiento que quiere flotar
sobre los pecios de un barco herido
un puerto donde amarrar los restos
del naufragio -hogar y mundo-.

EL dolor protegido bajo los telares del universo
con la escarcha de los ausentes sobre las pupilas
y un cojín de agujas bajo la arenisca del dolor.
Encogida
las arrugas son como el llanto de un niño al nacer
suburbio de oscuridad de algas
de azahares con iluminación tierna sin destino.
El presente lleno de espejos grita
un nombre desconocido.

LA realidad cosida a redes viejas
anclajes y residuos lunares.
Hambre no saciada.
Temblor espuma y caracolas
sobre las piedras del litoral.
Una mujer alumbra la vida
al mirar el rojo del amanecer
mientras los siglos desfilan
testigos de guerras antiguas
y desastres milenarios.
Entre fósiles
sus huecos (a manos llenas)
el amor que nada
bajo la invisible capa del olvido
la claridad del agua
como única certeza.

EL abismo siempre estuvo bajo mis pies
temblor de anaqueles y conchas marinas
sal sólida de sabor dulce entre mis dedos.
Un espacio virgen donde descubrirme
resolver mis contradicciones
                    bajo la influencia del sol
y amar el hambre.
Una casa donde guarecerme de la tormenta
sin miedo
        sin perder la identidad.

EL cuerpo en barbecho renombró lo inagotable
abrazó a las grullas que graznaban en las cornisas
una música ecléctica
melodía sensitiva bajo el pecho.
La poesía abrió una grieta en mi frente
y sobre el ayer las aves abrieron sus picos
elevaron su voz para colmarme de símbolos.
La casa ya no fue casa
la tierra ya no fue tierra
perro hormigón delirio agujero sombra…

Una soledad sabida de espacios encendidos
y amantes con nuevos recuerdos.

EL nuevo lenguaje colonizó mis sábanas
trazó caminos a ciegas y sucumbió
a los asombros del amanecer.
Ángeles caídos duermen sobre mi vientre
con amor devorado      espacio de lujuria
secretos invisibles de una boca en llamas.
Muslos hermafroditas inaugurando el día
descanso estival
                    en la plenitud de diciembre.

UN libro por escribir
los acontecimientos sauces que brotan
las paredes limpias de mugre y desechos.
Páginas como un jardín germinado
esporas
      helechos de tacto suave
sobre la piel de cristal.

# IV
**en el umbral eterno de la vida**

*Una ola vino corriendo,*
*tomó al pájaro muerto y se lo llevó consigo.*

Vicente Huidobro

LOS labios como un rumor de arena
un enjambre sensitivo de luz
que doblega los cuerpos
líquenes bajo los soportales del destierro.
Más allá la finitud y todo el futuro
los paisajes humúvicos la espera
la vida de los árboles en flor
que vuelan por la piel por los besos
espigas de lluvia traídas del pasado.
Lenguas y secretos se devoran
como el tiempo y la sequía otoñal
como la tarde tibia entre recuerdos.

EN la oscuridad de otros tiempos
todo lo líquido nos pertenecía.
Llegábamos al borde del precipicio
y en un acto de salvación
lanzábamos nuestros cuerpos al vacío.
Jamás logré entender por qué podíamos volar
            durante horas
        sobre el desierto de Aral
un mar interior de aguas extintas
desastre cementerio de barcos retrato humano
desnudez llena de peces muertos capaces de sobrevivir.
Aves acuáticas enfrentadas a un refugio de náufragos
disfraz de embarcaciones a la deriva.

BUSCÁBAMOS nuestra voz en las estrellas.
Recogidos, como en el vientre de nuestra madre
dioses carne fuerza transformación
cuerpo líquido convertido en grito
                    tímpano del mundo
                grieta húmeda y origen
obstáculo de fuego que vuela por el paisaje árido
de lo que fue            y ya no es.
La revolución llegó sola para ser luz del mundo
                    para siempre.

CONSTRUIMOS este lugar
este piélago de cuerpos velero
sobre montañas azules.
Secretos y ausencias nos deterioraron
nos descubrieron una mente de agua
         añoranza de risas infantiles
         horizonte salitre y fuego.
Las cuerdas que nos amarraron son espartos
abrazos inútiles que se vuelven verdes
elementos invisibles con reflejo marino
cobijo de pies desnudos
sin raíces.

LLUEVE la vida.
Recogemos el agua en redes de oro
como una justificación de supervivencia
un eclipse fiel a la derrota.
El ruido ambiental es coherente
mientras se extinguen las entrañas
el alimento la salud el ecosistema lago
peces en descomposición y desechos.
Las voces de pescadores-fuente nos unen
por una fisura que desestructura la luz
y nos hace visibles ante el exilio.
Amanece el olvido para seguir
Celebración, intento, dolor…

Un margen acuático una tierra caliente
que corta alambradas y deshace la voz.
Ecuánime sentido del día y de la noche
purificador del alma       de lo femenino.
Siento en mí tu manantial
        como grietas nutridas del subsuelo
ventanas abiertas con paisaje de ostracismo
voluntad que tranquiliza       miedo inmune.
Siento el encuentro, cascada que salva vidas
y amplía horizontes de carne.
Estamos juntos en una quietud líquida
bebida de serenidades y deseos.
Carne efímera y continua
que vence las fronteras y deporta el dolor.

NUESTROS espíritus transportan descendencia
como un río que viaja de nuevo hacia el mar
con la naturalidad del agua que dicta el destino.
Mis manos te aprietan
son buscadoras de alegría
          reclaman la evocación del éxtasis
la lentitud de las premoniciones y de los cuerpos
         de la paz y las palabras sin lenguaje.
Nuestras bocas deletrean el sufrimiento en cada roce
para romper con la saliva el cordón de la memoria.
Revelamos la libertad en un solo beso.

EN el gran muelle desierto y frío
aparece la nativa de fuego y salitre
de alma viva y enigmas tubulares
paisaje de hornacina seca y almíbar.
Carne de ultramar descubridora de dioses.
Como un pez de lomos plateados y lunares
transita con esperanza y dulzura.
Sus pies echan raíces y vuelve el mar
como si nunca se hubiese ido.

MUJER salvaje
río bajo el río
Mujer grande
voz del abismo
loba
huesera.
Mujer araña
tejedora del destino de los vivos
y los muertos
y los animales
y las plantas y las rocas.
Humana de niebla
traedora de albor y de ciencia.
Fuerza danzante
clarividencia de todas las mujeres.

*Muchas de nosotras*
*hemos vivido vidas desérticas:*
*Pequeñas en la superficie*
*y enormes bajo la tierra.*

EN la distancia la voz se fracciona
desobedece a la tarde y se enreda
bajo la umbrosa piel de la montaña.
Tejidos de musgo evocan la felicidad
estratos y sedimentos entonan
un canto de rayos sobre la hierba.
Salpica el mundo en el silencio: cúspide
de aromas de despertar y de juegos
inocencia que silba como un eco
frente a la retirada del otoño.
Nos sorprende la desnudez del mundo
la pasión de los cuerpos encendidos
la calidez que juntos atrapamos
en el umbral eterno de la vida.
El presente se graba en el mutismo
de los troncos y la sabia reluce
en el tiempo en la soledad fría
sobre el suelo de hojas secas que crujen
en la reminiscencia cruda del ayer.

Hemos vuelto a encontrarnos
en la esperanza salvaje
             hábitat tolerable fosforescente
             morada de serenidad y ternura.
Libres en un fanal de honestidad y fortalezas
             sepultura de pleamares y flujos
un retorno al sigilo sagrado de la aurora
a las manos defensoras de anfibios-milagro.
Oxígeno igualdad y adrenalina que despunta
para formar un hogar con puertas de fuego
de esperanza inmune de mar en recuperación.

        Sobrevivimos a todos los hundimientos.

HE metido mis manos bajo la tierra
sobre un manto fresco
        que deja a los difuntos subsistir.
Oigo el murmullo de todas las historias
enredo en la memoria los huesos
de todas las mujeres que me amaron
antes de conocerme.
Soy como un gusano que se mueve
entre las raíces del mundo
que todavía no nace y aguarda
a que el tiempo no exista
a que se paralice el universo
su inercia su energía.
Recojo mis restos
estos restos que nacieron
de la vitalidad del origen
del volcán gestado con alegría
ausente de miserias.
Y creo. Por primera vez creo
en el sol en los astros en la luz
en la eternidad
en la existencia y en el infinito.
La tierra húmeda nos hace brotar
desde donde no hay materia
desde el agua primigenia que no tenía forma
        y se convirtió en fuego.
Desde el útero materno recorrido de realidad.
Una tierra humilde donde introducir estos dedos
que ya cuentan los años los minutos los segundos…
Hasta su fin. Estos dedos
que transforman el vacío y lo reconstruyen.

Yo mujer. Mujer océano que calma su voz proscrita
para reconocerse
en un poema que me deje sobrevivir.

*Puerto sin mar*
de
Esther Abellán Rodes
se terminó de imprimir en octubre de 2025
70 años antes fallecía el filósofo y pensador
José Ortega y Gasset
quien sentenció:

*El mayor crimen está ahora no en los que matan,
sino en los que no matan pero dejan matar*

\*

Esta edición consta de 300 ejemplares

*Chamán ante el fuego* (Poesía)

1. *Desde el mar a la estepa (Antología de poetas del sudeste español)*
2. *Rocinante*, Alfred Corn (antología bilingüe inglés / castellano)
3. *Volvimos a escuchar ese adagio de Mozart*, Guillermo Samperio
4. *El libro blanco*, Augusto Rodríguez
5. *Exhumación de la fábula*, Javier Bello
6. *Las lágrimas de Chet Baker caen a piscinas doradas*, Abel Santos (2ª edición)
7. *Hierofanías*, Alfredo Rodríguez
8. *Breve historia del circo*, Pablo Cerezal
9. *Miguel Hernández. El que no está*, Sergio Delicado (2ª edición)
10. *Pólvora en el sueño*, Miguel Ángel Velasco
11. *Las mudas soledades*, Pedro Gascón
12. *Celebrad los días. Poesía Completa*, Sergio Algora
13. *Labor de melancoholismo*, Toni Montesinos Gilbert
14. *Con todo este ruido de fondo o El imperio de las luciérnagas*, Vicente Velasco Montoya
15. *Vigía de tu paso*, Pilar Blanco Díaz
16. *El paso que se habita*, Esther Peñas
17. *Latido izquierdo*, Rubenski Pereira
18. *Animal fabuloso*, José Óscar López
19. *También vivir precisa de epitafio. Antología poética (1983-2017)*, Javier Sánchez Menéndez
20. *Teimosa maré / Terca marea*, Manuel Neto dos Santos (edición bilingüe portugués / castellano)
21. *Abril en los inviernos*, Nicolás Corraliza
22. *Refugio en el vuelo*, Pedro Sánchez Sanz
23. *Hasta que nada quede (Poesía reunida 1978-2019). Volumen I. Obra publicada*, José Antonio Martínez Muñoz
24. *Digterne / Poetas*, Pejk Malinovski (edición bilingüe danés / castellano)
25. *El momento (Una manera de medir el tiempo I)*, Valentín Carcelén
26. *La luz de lo perdido (Antología poética 1976-2020)*, Javier Lostalé
27. *Yo escribo la noche*, Pilar Blanco Díaz (Premio de la Crítica Literaria Valenciana 2021)
28. *De lo terrible*, Ana Martínez Castillo
29. *Antología de la «Beat Generation», (Antología bilingüe inglés / castellano)*, Marcos-Ricardo Barnatán
30. *Libro de las negaciones*, Javier del Prado Biezma

31. *Zapatos sin cordones*, Julia Navas Moreno
32. *La filtración de la luz*, Sihara Nuño
33. *Ese sabor antiguo de las obras*, Javier Sánchez Menéndez (2ª edición)
34. *Canto fenicio*, Juan de Dios García
35. *Historia de la lluvia*, Esther Peñas
36. *Dragón custodiando el misterio*, Alfredo Rodríguez
37. *El pasado (Una manera de medir el tiempo II)*, Valentín Carcelén
38. *Bailarinas de rafia*, Julia Navas Moreno
39. *Letras grandes*, Pedro Serrano
40. *Razón del inconsciente*, Javier Asiáin
41. *La memoria (Una manera de medir el tiempo III)*, Valentín Carcelén
42. *Ella lee*, Kepa Murua
43. *Puerto sin mar*, Esther Abellán

*Chamán en su senda* (Narrativa)

1. *Lawrence de Arabia. La corona de arena*, José María Álvarez
2. *La casa de los sordos*, Lamar Herrin
3. *Extrañas geometrías*, Javier Sarti
4. *El litoral del mundo*, Maria Gabriela Llansol
5. *Travesía*, Vicente Muñoz Álvarez
6. *Homenaje póstumo y otros relatos*, Lamar Herrin
7. *Todas las familias infelices*, Ramón Bascuñana
8. *Historia de una tienda*, Amy Levy (2ª Edición)
9. *Sol medieval*, Enrico Maria Rende
10. *El imposible lenguaje de la noche*, Joaquín Fabrellas
11. *Revolucionario*, Clementina Black
12. *El manuscrito de Palermo*, José María Álvarez
13. *Arábica*, Pablo Cerezal
14. *El día que se acabaron las cosquillas*, María Dolores García Rozalén (3ª Edición)
15. *Todo en orden*, Luis Sánchez Martín
16. *Osuna*, Jaufré Rudel
17. *La camisera de Manchester*, Margaret Harkness
18. *Blurb*, Joaquín Fabrellas
19. *Milk*, José Manuel Lara Alberca
20. *El dogo en el lado gris*, Federico de la Fuente Lorente

*Chamanes en trance* (Didáctica)

1. *Geografía de la luz: poesía última de Eloy Sánchez Rosillo,* Miguel Ángel Rubio Sánchez (Ensayo)
2. *Desvío a Buenos Aires. Diario de una poeta en la Patagonia argentina,* Concha García (Diario)
3. *Diario de un confinado y otras estampas,* José Juan Morcillo (Diario y artículos)
4. *Otoñal y barojiana,* Miguel Sánchez-Ostiz (Ensayos)
5. *Hacia lo verdadero (Cercanías a la vida y al arte en la poesía de Claudio Rodríguez),* Luis Ramos de la Torre (Ensayo)
6. *La fiesta del miedo (Arte, poesía y psicoanálisis. Diálogos con Antonio Méndez Rubio),* VV. AA. (Ensayos y conversaciones)
7. *Puntos de fuga. Nuevas patologías de la vida cotidiana,* Javier Lorenzo Candel (Ensayo)
8. *La decisión ininterrumpida. Diario de un poeta y editor (2008 - 2009),* Kepa Murua (Diario)
9. *Mi padre me visita en sueños. (Apuntes del diario de Ramón Fernández),* Frutos Soriano Fernández (Dietario)

*Chamanes, a escena* (Teatro)

1. *El camino de los elefantes / La entrevista,* Antonio Rodríguez Jiménez
2. *Silvana,* Mercedes Lozano López (2ª edición)